José Luis Masud Yunes-Zárraga

Sabiduría para el día a día

José Luis Masud Yunes-Zárraga

Sabiduría para el día a día

El libro de proverbios por temas

CREDO EDICIONES

Imprint
Any brand names and product names mentioned in this book are subject to trademark, brand or patent protection and are trademarks or registered trademarks of their respective holders. The use of brand names, product names, common names, trade names, product descriptions etc. even without a particular marking in this work is in no way to be construed to mean that such names may be regarded as unrestricted in respect of trademark and brand protection legislation and could thus be used by anyone.

Cover image: www.ingimage.com

Publisher:
CREDO EDICIONES
is a trademark of
Dodo Books Indian Ocean Ltd., member of the OmniScriptum S.R.L Publishing group
str. A.Russo 15, of. 61, Chisinau-2068, Republic of Moldova Europe
Printed at: see last page
ISBN: 978-613-5-56849-3

Sabiduría para el día a día

Prólogo

El verdadero crecimiento espiritual consiste en cambiar las mentiras por la verdad, y la única verdad con la que debemos de caminar es: La Palabra de Dios, por eso, resulta indispensable cambiar nuestros pensamientos naturales por las verdades de Dios contenidas en la Biblia.

El rey Salomón, inspirado por el Espíritu Santo escribió el libro de los Proverbios, y ahora, el Dr. José Luis Masud Yunes, Pastor de Verbo Victoria nos ofrece la presente compilación ordenada de los Proverbios de Salomón.

Vivir con sabiduría de Dios trae paz y sosiego a nuestra vida, ya que muchos de los problemas que hemos vivido o atravesamos actualmente, se deben, principalmente, a nuestra falta de sabiduría y a decisiones equivocadas motivadas por la carne, mientras que el Espíritu siempre nos llevará a considerar la única verdad y sabiduría, Jesucristo.

Este libro será de mucha ayuda para quienes realmente busquen en Dios sabiduría para enfrentar cualquier situación por sencilla o difícil que parezca.

La labor del Dr. Yunes en esta obra ha sido ordenar en forma sistemática muchos de los temas que se abordan en el libro de Proverbios, tales como Vivir Sabiamente, Sabiduría para Juventud, Sabiduría Financiera, Acciones y Justicia, La Importancia de las Palabras, El Amor y el Matrimonio, La Amistad, entre otros.

Sin duda alguna será un deleite para su espíritu leer y meditar la Palabra de Dios de esta manera, será un recurso práctico en el cual encontrará sabiduría y conocimiento de la manera que Dios aborda diferentes situaciones, y una visión que le ayudará para ponerla en práctica y así tener una vida descansada y confiada en Jesucristo, quien es nuestra Roca.

C.P. David Paz Pérez
Editor del Boletín semanal
y miembro de la Iglesia
Cristiana Verbo Victoria

Prefacio

Desde nuestro nacimiento y a medida que crecemos, prácticamente todas las personas aprendemos a manejar y desarrollarnos en nuestro propio entorno. Al paso del tiempo y como resultado de las múltiples experiencias personales, adquirimos habilidades que nos permiten zanjar dificultades, salvar obstáculos y resolver problemas para salir adelante.

Muchas de nuestras convicciones, acciones y decisiones son producto de la observación y del aprendizaje obtenido de nuestros padres y familia, pero algunas conductas las tomamos con base a nuestro carácter y deseos más profundos. Así vamos forjando "nuestra manera de ser".

Al paso de los años nos percatamos de nuestra necesidad de Dios. A partir de nuestra conversión a Cristo, tomamos consciencia de nuestra nueva naturaleza y los intereses y anhelos profundos cambian. Aquellos deseos egoístas van siendo transformados en nuevos anhelos y experiencias. Ahora sentimos necesidad de tomar decisiones que agraden a Dios y que tengan significado para Su reino. Nuestro ser interior va siendo renovado día a día y el fruto del Espíritu se va reflejando gradualmente en nuestras vidas. Sin embargo, mientras vivamos en este mundo material y tengamos que convivir con los compañeros de la escuela, del trabajo, de la sociedad que nos rodea necesitamos de sabiduría práctica. Aun tenemos trabajo por hacer en nuestro matrimonio y nuestra familia. Hay decisiones financieras que deben atenderse, compromisos qué cumplir, relaciones qué mantener.

¿Cómo vivir el día a día aquí en la tierra hasta que el Señor venga por nosotros? ¿Qué decisiones prácticas deberíamos tomar?

El libro de proverbios es un libro de sabiduría para la vida cotidiana. El Rey Salomón inspirado por Dios, reunió observaciones de la vida diaria y las recolectó en forma de pensamientos cortos que nos permiten reflexionar. *Desde luego que proverbios no representa un planteamiento exhaustivo de cada tema, pero permite reorientar nuestros pensamientos y tener una perspectiva fresca ante situaciones cotidianas.*

Para esta presentación, decidí compilar la sabiduría del libro de Proverbios por temas, de modo que se pueda buscar y encontrar rápidamente sabiduría de Dios para atender esas áreas sensibles y significativas de la vida diaria.

Busqué el planteamiento de los proverbios en varias versiones bíblicas modernas y después de meditarlo, decidí elegir la versión Traducción en Lenguaje Actual (TLA) por su forma sencilla de leer para nuestras nuevas generaciones.

Excepto por el capítulo de introducción, todos los capítulos contienen exclusivamente los proverbios bíblicos. No añadí nada personal a su contenido salvo los subtítulos para organizarlos por subtemas y hacer más fácil su localización. Decidí omitir los números correspondientes al capítulo y versículo, a fin de favorecer una lectura ágil sin esos distractores.

Si lo desea, puede emplear un buscador electrónico y colocando un fragmento de cada frase, localice el capítulo y versículo respectivo en la versión TLA y luego compárelo con la tradicional versión RVA-60 o con cualquier otra.

Dr. José Luis Masud Yunes Zárraga

Índice

Introducción

Vivir sabiamente

Tus mandatos me hacen más sabio que mis enemigos, pues me guían constantemente.

Tengo mejor percepción que mis maestros, porque siempre pienso en tus leyes.

Hasta soy más sabio que los ancianos, porque he obedecido tus mandamientos.

Sabiduría, inteligencia y formación académica no significan lo mismo. Las cárceles de todo el mundo albergan a miles de personas por demás inteligentes y a muchos con preparación académica de alto nivel. Y es que, la información y el conocimiento adquirido no necesariamente aportan sabiduría cuando carecen del principio universal para adquirirla:

El principio de la sabiduría es el temor de Dios

Rechazar el consejo de Dios tiene nombre en la escritura, se llama necedad. Muchos de nosotros tenemos que reconocer que, reiteradamente nos hemos equivocado por no vivir con sabiduría y como producto, pagamos las dolorosas consecuencias del error, algunas a corto plazo y otras, por toda la vida.

Podrá haber mucho oro, y muchas piedras preciosas, pero nada hay más valioso que las enseñanzas del sabio.

La Palabra de Dios nos muestra que hay un camino para el éxito y la prosperidad verdaderas. El Salmista reconoce en las líneas que encabezan esta presentación que, poner atención a los mandatos de Dios y obedecerlos le ha permitido alcanzar insospechadas alturas de sabiduría; incluso le ha dado ventaja para vencer a sus enemigos. No se percibe jactancia personal en tales declaraciones, sino un énfasis en el hecho de que obedecer el mandato de Dios es mejor que cualquier sacrificio de adoración. Para quien sabe apreciarla, una sabia reprensión vale tanto como una joya de oro muy fino.

Sabemos que, solo confiando en Jesús el Cristo de Dios como el único salvador de nuestras almas, alcanzamos la vida eterna, no hay punto de discusión en ello.

Sin embargo, quedan aún muchos aspectos prácticos que enfrentar en el diario vivir y para ello, el Señor nos entrega una serie de pensamientos cortos sobre los cuales podemos meditar, a fin de tomar las decisiones sabias que proceden de Su corazón.

La Biblia nos presenta en forma de proverbios, la sabiduría de Dios. La sabiduría escrita toma forma en una persona, Jesucristo.

Este documento es una compilación del libro de proverbios, escrito en forma narrativa y ordenada por temas. No contiene mis puntos de vista ni aclaraciones o explicaciones adicionales. Sólo la palabra de Dios. Elegí trabajar con la versión Traducción en Lenguaje Actual (TLA), por su facilidad de lectura en estos tiempos modernos.

1
La sabiduría de Jesús hablando al corazón

¡La sabiduría está llamando! ¡La experiencia está gritando! Se para a la orilla del camino o a la mitad de la calle, para que todos puedan verla. Se para junto a los portones, a la entrada de la ciudad, y grita a voz en cuello: Gente de todo el mundo, ¡a ustedes estoy llamando! Jovencitos, muchachitos inexpertos, ¡piensen bien lo que hacen! Préstenme atención, pues voy a decirles algo importante; no me gusta la mentira ni tampoco la hipocresía, siempre digo la verdad.

La gente que sabe entender reconoce que mis palabras son justas y verdaderas. No busquen las riquezas, mejor busquen mis enseñanzas y adquieran mis conocimientos, pues son más valiosos que el oro y la plata. ¡Los más ricos tesoros no se comparan conmigo!

Yo soy la sabiduría, y mi compañera es la experiencia; siempre pienso antes de actuar. Los que obedecen a Dios aborrecen la maldad. Yo aborrezco a la gente que es orgullosa y presumida, que nunca dice la verdad ni vive como es debido. Yo tengo en mi poder el consejo y el buen juicio, el valor y el entendimiento.

Yo hago que actúen con justicia reyes, príncipes y gobernantes. Yo amo a los que me aman, y me dejo encontrar por todos los que me buscan. Mis compañeras son la riqueza, el honor, la abundancia y la justicia. Lo que tengo para ofrecer vale más que el oro y la plata.

Yo, la sabiduría, te daré muchos años de vida. Siempre actúo con justicia, y lleno de riquezas a todos los que me aman. Dios fue quien me creó. Me formó desde el principio, desde antes de crear el mundo. Aún no había creado nada cuando me hizo nacer a mí. Nací cuando aún no había mares ni manantiales. Nací mucho antes de que Dios hiciera los cerros y las montañas, la tierra y sus paisajes.

Yo vi cuando Dios puso el cielo azul sobre los mares; cuando puso las nubes en el cielo y cerró las fuentes del gran mar, cuando les ordenó a las aguas no salirse de sus límites. Cuando Dios afirmó la tierra, yo estaba allí, a su lado, como su consejera. Mi dicha de todos los días era siempre gozar de su presencia. El mundo creado por Dios me llenaba de alegría; ¡la humanidad creada por Dios me llenaba de felicidad!

¡Escúchame bien! Dios te bendecirá si sigues mis consejos. Acepta mis enseñanzas; no las rechaces. ¡Piensa con la cabeza! Si todos los días vienes a mi casa y escuchas mis enseñanzas, Dios te bendecirá. Los que me encuentran, encuentran también la vida y reciben bendiciones de Dios; pero los que me ofenden ponen su vida en peligro; odiarme es amar la muerte».

Vengan conmigo. Vengan a gozar de mi banquete; beban del vino que he preparado. Si realmente quieren vivir, déjense de tonterías y actúen con inteligencia. Si eres sabio, tú eres quien sale ganando; pero si eres malcriado, sufrirás las consecuencias». La ignorancia es escandalosa, tonta y sinvergüenza. El que acepta la corrección tendrá una larga vida, pero quien no oye consejos no llegará muy lejos.

Todo el que quiera ser sabio que comience por obedecer a Dios

Mi reflexión personal

2
Sabiduría para la juventud

Este mensaje tiene como propósito que ustedes jóvenes, lleguen a ser sabios, corrijan su conducta y entiendan palabras bien dichas y bien pensadas. También sirve para enseñar a los que no tienen experiencia, a fin de que sean cuidadosos, honrados y justos en todo; que muestren astucia y conocimiento, y piensen bien lo que hacen.

Escucha bien lo que estás leyendo aquí. Grábate bien esta enseñanza, no te apartes de ella pues procede de Dios y es una fuente de vida, el remedio para una vida mejor. ¡Piensa con la cabeza! *La sabiduría te dice*: Si todos los días vienes a mi casa y escuchas mis enseñanzas, Dios te bendecirá. Los que me encuentran, encuentran también la vida y reciben bendiciones de Dios; pero los que me ofenden ponen su vida en peligro; odiarme es amar la muerte.

Querido y querida joven, cumple al pie de la letra con los mandamientos de tu padre y con las enseñanzas de tu madre. Grábatelos en la memoria, y tenlos siempre presentes; te mostrarán el camino a seguir, velarán tu sueño mientras duermes, y hablarán contigo cuando despiertes. Los mandamientos y las enseñanzas son como una lámpara encendida; la corrección y la disciplina te mostrarán cómo debes vivir. Querido y querida joven: Atiende a tu padre cuando te llame la atención, y muestra respeto cuando tu madre te enseñe. Trata de ser sabio y actúa con inteligencia.

La sabiduría y el conocimiento valen más que las piedras preciosas; ¡ni los tesoros más valiosos se les pueden comparar! Por un lado, te dan larga vida; por el otro, buena fama y riquezas. Qué grato es seguir sus consejos, pues en ellos hay bienestar.

El principio de la sabiduría es el temor de Dios

Todo el que quiera ser sabio debe empezar por obedecer a Dios. Si eres sabio e inteligente escucha estas palabras. Así te harás más sabio y ganarás experiencia. Pero la gente ignorante no quiere ser corregida ni llegar a ser sabia. Pide entendimiento y busca la sabiduría como si buscaras plata o un tesoro escondido. Así llegarás a entender lo que es obedecer a Dios y conocerlo de verdad. Sólo Dios puede hacerte sabio; sólo Dios puede darte conocimiento.

¡Dios bendice al joven que ama a la sabiduría, pues de ella obtiene la vida! Querido jovencito, aprende a tomar buenas decisiones y piensa bien lo que haces. Hacerlo así te dará vida y los demás te admirarán. Andarás por la vida sin problemas ni tropiezos. Cuando te acuestes, podrás dormir tranquilo y sin preocupaciones. No sufrirás las desgracias que caen sobre los malvados. Dios siempre estará a tu lado y nada te hará caer.

Querido y querida joven, grábate bien estas enseñanzas; memoriza estos mandamientos. Así te irá siempre bien por el resto de tu vida. Pon toda tu confianza en Dios y no en lo mucho que sabes. Toma en cuenta a Dios en todas tus acciones, y él te ayudará en todo. No te creas muy sabio; obedece a Dios y aléjate del mal; así te mantendrás sano y fuerte. Demuéstrale a Dios que para ti Él es lo más importante. Dale de lo que tienes y de todo lo que ganes; así nunca te faltará ni comida ni bebida.

No rechaces la instrucción de Dios ni te enojes cuando te reprenda. Porque Dios corrige a quienes ama, como corrige un padre a sus hijos. Dios bendice al joven que actúa con sabiduría, y que saca de ella más provecho que del oro y la plata. Jovencitos, sigan el buen camino haciendo lo correcto. Dios bendice el hogar del hombre honrado, pero maldice la casa del malvado. Dios ayuda y protege a quienes son honrados y hacen lo bueno. Dios cuida y protege a quienes siempre lo obedecen y se preocupan por el débil. Solo él te hará entender lo que es bueno y justo, y lo que es tratar a todos por igual.

Piensa bien antes de actuar, y estarás bien protegido; el mal no te alcanzará ni los malvados podrán contigo. Quien obedece a Dios gana en sabiduría y disciplina; quien quiera recibir honores debe empezar por ser humilde.

Querido y querida joven, si los malvados quieren que los sigas, no te dejes llevar por ellos. Tal vez te digan: «Ven con nosotros, asaltemos al primero que pase y quitémosle lo que traiga. Con lo que robemos nos haremos ricos. ¡Júntate con nosotros, y nos repartiremos todo lo que ganemos!» ¡No lo hagan, jovencitos! ¡No sigas su mal ejemplo! ¡No dejes que te engañen! Estos malvados juegan con su vida y acabarán por perderla. Acabarán muy mal los que quieren hacerse ricos sin importarles cómo lograrlo: ¡acabarán perdiendo la vida! No andes buscando pleitos, si nadie te ha hecho daño. No envidies a los violentos ni sigas su mal ejemplo. Dios no soporta a los malvados, pero es amigo de la gente honrada. Los sabios merecen honra, y los tontos, solo deshonra. Lo que realmente importa es que cada día seas más sabio y que aumentes tus conocimientos, aunque tengas que vender todo lo que poseas.

Jovencito, la sabiduría te librará de la mujer que engaña a su esposo, y también te engaña a ti con sus dulces mentiras; de esa mujer que se olvida de su promesa ante Dios. El que se mete con ella puede darse por muerto. ¡El que se mete con ella ya no vuelve a la vida!

Querido y querida joven, no te rebajes diciendo palabras malas e indecentes. Pon siempre tu mirada en lo que está por venir. Corrige tu conducta, afirma todas tus acciones. Por nada de este mundo dejes de hacer el bien; ¡apártate de la maldad!

Acumula verdad y sabiduría, disciplina y entendimiento, ¡y no los cambies por nada! El que es inteligente obedece la ley. Quien se rinde ante un problema, no demuestra fuerza ni carácter.

Chicas

La hermosura es engañosa, la belleza es una ilusión; ¡sólo merece alabanzas la mujer que obedece a Dios! ¡Que todo el mundo reconozca los frutos de su esfuerzo! ¡Que todos en la ciudad la alaben por sus acciones! La mujer bella pero tonta es como anillo de oro en la trompa de un cerdo.

Honra a tus papás

Queridos jovencitos: cuando su padre los instruya, préstenle atención, si realmente quieren aprender. Yo también fui niño; tuve un padre y una madre que me trataban con ternura. Mi padre me dio este consejo: «Grábate bien lo que te digo, y haz lo que te mando; así tendrás larga vida. Hazte cada vez más sabio y entendido; nunca olvides mis enseñanzas. ¡Jamás te apartes de ellas! Si amas a la sabiduría y nunca la abandonas, ella te cuidará y te protegerá.

Presta atención a tus padres, pues ellos te dieron la vida; y cuando lleguen a viejos, no los abandones. El hijo bueno y sabio es motivo de gran alegría para su padre y su madre que le dieron la vida. El hijo sabio alegra a sus padres; el hijo tonto los avergüenza. ¡Cuánto enojo y cuánta amargura causa a sus padres el hijo necio! El que ama la sabiduría trae alegría a su padre; Dios bendice a los hijos del hombre honrado, cuando ellos siguen su ejemplo. El que maldice a sus padres morirá antes de tiempo.

El hijo sabio acepta que su padre lo castigue; el hijo malcriado no permite que le llamen la atención Si no aprecias la disciplina, te esperan la pobreza y la deshonra; si aceptas que se te corrija, recibirás grandes honores. Si te burlas de una orden, tendrás tu merecido; si la obedeces, tendrás tu recompensa. Los golpes y la disciplina enseñan a ser sabio, pero el que es malcriado solo avergüenza a su madre. Si quieres ser sabio, acepta las correcciones que buscan mejorar tu vida. Quien no acepta la corrección se hace daño a sí mismo; quien la acepta, gana en entendimiento.

El que es tonto no acepta que su padre lo corrija, pero el que es sabio acepta la corrección. Al malcriado no le gusta que nadie lo corrija, ni se junta con los sabios. Un buen castigo merece quien muestra mala conducta; hasta merece la muerte quien no acepta ser corregido. El que es inteligente con un regaño aprende, pero el que es necio ni con cien golpes entiende.

Querido jovencito, si no aceptas la corrección, te apartarás de los sabios consejos. Jóvenes, acepten el consejo de los sabios, y aprendan del castigo a los malcriados. No hay hijo más malo ni más sinvergüenza que el que roba a su padre y echa a la calle a su madre.

Amigo de gente malvada es quien roba a sus padres y alega que no ha hecho nada. El que todo lo malgasta, llena de vergüenza a su padre. El que desobedece y desprecia a sus padres, bien merece que los cuervos le saquen los ojos y que los buitres se lo coman vivo.

Valora a tus amigos

El amigo siempre es amigo, y en los tiempos difíciles es más que un hermano. Una mirada amistosa alegra el corazón; una buena noticia renueva las fuerzas. Quien perdona gana un amigo; quien no perdona gana un enemigo.

Ama siempre a Dios y sé sincero con tus amigos; así estarás bien con Dios y con tus semejantes. Aléjate de los tontos, que nunca aprenderás nada de ellos.

No seas tonto ni necio

El tonto encuentra muy graciosa su falta de inteligencia; el que es inteligente corrige su conducta. Al tonto no le interesa aprender, sino mostrar lo poco que sabe. El egoísta solo piensa en sí mismo y no acepta ningún consejo. No te pongas al nivel del necio, o resultará que el necio eres tú. El tonto solo aprende a través del castigo; al que es sabio le basta con solo ser reprendido. Para el malcriado, el castigo; para el tonto, los azotes. Para el caballo, el látigo; para el burro, el freno; para el necio, el garrote.

El sabio conoce el miedo y se cuida del peligro, pero el tonto es atrevido y se pasa de confiado. El vago y el destructor, ¡hasta parecen hermanos! El tonto está seguro de que hace lo correcto; el sabio hace caso del consejo. Los tontos fácilmente se enojan; los sabios perdonan la ofensa.

El malcriado quisiera ser sabio, pero jamás llegará a serlo. El necio que cree tener la razón es más peligroso que una osa que defiende a sus cachorros. Si comienzas una pelea, ya no podrás controlarla; es como un río desbordado, que arrastra todo a su paso. Si te portas como un tonto, y te crees muy importante y haces planes contra otros, ten presente lo siguiente: Si bates la leche, sacarás mantequilla; si te suenas fuerte la nariz, te sacarás sangre; y si buscas pleitos, pleitos tendrás. El que es revoltoso siempre anda buscando pelea, pero un día se enfrentará con un adversario más cruel. Es de tontos emborracharse, porque se pierde el control y se provoca mucho alboroto. Dios protege al sabio, pero pone en vergüenza al mentiroso.

Consejos adicionales para el éxito en la vida

Dios está en todas partes, y vigila a buenos y a malos. Obedece a Dios y vivirás; así dormirás tranquilo y no tendrás ningún temor. Por los hechos se llega a saber si el joven tiene buena conducta. Querido jovencito, actúa con inteligencia, y no dejes de hacer el bien. El orgullo del joven es su fuerza; el del anciano, su experiencia.

Si en verdad te aprecias, estudia

bien harás en practicar lo aprendido.

Cuando comas con gente importante, piensa bien ante quién te encuentras. Si te gusta comer mucho, no demuestres que tienes hambre. No dejes que te engañe la apariencia de esos platillos. No te juntes con borrachos ni te hagas amigo de glotones, pues unos y otros acaban en la ruina. Tan malo es comer mucha miel, como recibir muchos halagos.

No te niegues a hacer un favor, siempre que puedas hacerlo. Nunca digas: «Te ayudaré mañana», cuando puedas ayudar hoy. Nunca traiciones al amigo que confía en ti. Dios se burla de los burlones, pero brinda su ayuda a los humildes. Al que es malagradecido siempre le irá mal.

Cuidado con el alcohol y las drogas

La mucha risa causa dolor; hay alegrías que acaban en tristeza. El borracho llora y sufre; anda en pleitos y se queja, lo hieren sin motivo y le ponen los ojos morados. Eso le pasa por borracho, y por probar nuevas bebidas.

Querido jovencito, no te fijes en bebidas embriagantes que atraen por su color y brillo, pues se beben fácilmente, pero lo mismo que las drogas, muerden como víboras y envenenan como serpientes. Si las bebes y las consumes, verás cosas raras y te vendrán las ideas más tontas. Sentirás que estás en un barco, navegando en alta mar. Te herirán, y no te darás cuenta; te golpearán, y no lo sentirás. Y cuando te despiertes solo una idea vendrá a tu mente: «Quiero que me sirvan otra copa, otra droga».

El alcohol es para los que viven amargados y ya no tienen esperanza. ¡Déjalos que se emborrachen y se olviden de su miseria! ¡Que no se acuerden de lo mucho que sufren!

Mi reflexión personal

3
Bendiciones de caminar a la luz de Dios

Sobre toda cosa guardada, guarda tu corazón; Porque de él mana la vida.

La vida de los hombres buenos brilla como la luz de la mañana: va siendo más y más brillante, hasta que alcanza todo su esplendor. La vida de los malvados es todo lo contrario: es como una gran oscuridad donde no saben ni en qué tropiezan.

Sobre todas las cosas, cuida tu mente, porque ella es la fuente de la vida.

Aprende a pensar bien

Los planes de la mente humana son profundos como el mar; quien es inteligente los descubre. Dios nos ha dado la conciencia para que podamos examinarnos a nosotros mismos.

El que es sabio e inteligente presta atención y aprende más. Podrá haber mucho oro, y muchas piedras preciosas, pero nada hay más valioso que las enseñanzas del sabio. Siempre que hagas planes, sigue los buenos consejos; nunca vayas a la guerra sin un buen plan de batalla.

Quien con sabios anda aprende a pensar; quien con tontos se junta acaba en la ruina. El que es sabio lo demuestra en que piensa bien lo que hace, pero el tonto vive engañado por su propia estupidez. Al que piensa bien las cosas se le llama inteligente; Construye tu casa con sabiduría y entendimiento, y llena sus cuartos de conocimiento que es el más bello tesoro. Los que aman el conocimiento siempre buscan aprender más

Hay quienes piensan que está bien todo lo que hacen, pero al fin de cuentas acaban en la tumba. Cuando las cosas se piensan bien, el resultado es provechoso. Cuando se hacen a la carrera, el resultado es desastroso. Más vale maña que fuerza; más vale el saber que el poder. Quien quiera pelear, primero debe pensar; quien quiera ganar, debe saber escuchar. Los que piensan hacer lo malo cometen un grave error; los que procuran hacer lo bueno reciben el gran amor de Dios.

Encomienda tus pensamientos a Dios

Para Dios no están ocultos la tumba ni la muerte, ni tampoco nuestros pensamientos. Nadie sabe cuál será su futuro; por eso debemos dejar que Dios dirija nuestra vida. Reconozcamos que ante Dios, no hay sabiduría ni conocimiento, ni consejos que valgan. Obedece a Dios y vivirás; así dormirás tranquilo y no tendrás ningún temor.

No presumas hoy de lo que piensas hacer mañana; ¡nadie sabe lo que traerá el futuro! El necio confía en sí mismo; el sabio se pone a salvo. A los necios no les importa si Dios los perdona o no, pero la gente buena quiere el perdón de Dios. Dios es como una alta torre; hacia él corren los buenos para ponerse a salvo. El que obedece a Dios ya tiene un poderoso protector para él y para sus hijos.

Dios está en todas partes, y vigila a buenos y a malos. El que obedece a Dios tiene larga vida; ha escapado de la muerte. El malvado fracasa por su maldad; pero el hombre bueno confía en Dios hasta la muerte. No envidies a los pecadores, y obedece siempre a Dios; así tu futuro será feliz. Si confías en Dios estarás fuera de peligro.

Hay gente que Dios no puede soportar: La gente orgullosa, la gente violenta, la gente mentirosa, la gente malvada, la gente ansiosa de hacer lo malo, la gente que miente en un juicio, y la que provoca pleitos familiares. Dios no soporta a los orgullosos, y una cosa es segura: no los dejará sin castigo.

A Dios no le agradan las ofrendas de los malvados, pero recibe con agrado las oraciones de la gente buena. A Dios no le agrada la conducta de los malvados, pero les muestra su amor a los que aman la justicia. Dios se aparta de los malvados, pero escucha la oración de los buenos. Cuando Dios está contento con nuestro comportamiento, hasta con nuestros enemigos nos hace vivir en paz.

Piensa antes de actuar

El sabio piensa bien lo que hace; el tonto deja ver su estupidez. La gente sabia piensa bien antes de actuar. El que es inteligente ve el peligro y lo evita; el que es tonto sigue adelante y sufre las consecuencias. La gente inteligente mantiene la calma. El que piensa antes de actuar vivirá por muchos años. El que pronto se enoja pronto hace tonterías, pero el que piensa en lo que hace muestra gran paciencia. No es bueno actuar sin pensar; la prisa es madre del error. Prever el peligro y evitarlo es actuar con inteligencia; hay que ser muy tonto para no preverlo ni evitarlo.

Pensar bien mejora la salud

No hay mejor medicina que tener pensamientos alegres. Para el que anda triste, todos los días son malos; para el que anda feliz, todos los días son alegres. La tristeza y la alegría se reflejan en la cara. Cuando se pierde el ánimo, todo el cuerpo se enferma. Mente sana en cuerpo sano; por eso la envidia te destruye por completo. El sabio conoce el miedo y se cuida del peligro, pero el tonto es atrevido y se pasa de confiado.

El pensamiento estúpido

La gente tonta es feliz con su mala conducta; la gente buena es feliz con sus buenas acciones. La gente tonta cree todo lo que le dicen; la gente sabia piensa bien antes de actuar. El tonto no sabe lo que quiere. Al tonto no le interesa aprender, sino mostrar lo poco que sabe. La recompensa de los tontos es su propia estupidez; el premio de los sabios consiste en saber cómo actuar. El que solo piensa en pecar se gana el título de necio. ¡Y nadie los aguanta!

El tonto encuentra muy graciosa su falta de inteligencia; el que es inteligente corrige su conducta. En la mente del sabio hay lugar para la sabiduría; pero la gente tonta no llega a conocerla. El que es egoísta solo piensa en sí mismo y no acepta ningún consejo.

El necio que cree tener la razón es más peligroso que una osa que defiende a sus cachorros. ¡Y cómo le cuesta trabajo al necio apartarse del mal! El necio nunca llegará a ser sabio. Los ignorantes hablan y solo dicen tonterías. Cuando está ante el juez, ni siquiera abre la boca, pues no sabe qué decir.

En la espalda del imprudente no faltan los garrotazos El tonto solo aprende a través del castigo; al que es sabio le basta con solo ser reprendido. Para el malcriado, el castigo; para el tonto, los azotes. El perro vuelve a su vómito, y el necio insiste en su necedad. Más puede esperarse de quien reconoce que es tonto, que de un tonto que se cree muy sabio. El mentiroso le cree al mentiroso y el malvado le cree al malvado.

No tires tus perlas a los cerdos

Si corriges a los burlones, solo ganarás que te insulten; si reprendes a los malvados, solo te ganarás su desprecio. No reprendas a los burlones, o acabarán por odiarte; mejor reprende a los sabios, y acabarán por amarte. Educa al sabio, y aumentará su sabiduría; enséñale algo al justo, y aumentará su saber.

No provoques peleas

Cualquier tonto inicia un pleito, pero quien lo evita merece aplausos. Si comienzas una pelea, ya no podrás controlarla; es como un río desbordado, que arrastra todo a su paso. Aleja de ti al buscapleitos y se acabarán los problemas. El que es revoltoso siempre anda buscando pelea, pero un día se enfrentará con un adversario más cruel. Al malvado, la violencia lo domina.

Es de tontos emborracharse, porque se pierde el control y se provoca mucho alboroto.

Bondad y maldad

El que solo piensa en la maldad se gana el título de malvado. El bien te trae bendiciones; el mal solo te trae problemas. La gente buena es feliz con sus buenas acciones.

Dios cuida de los buenos, pero destruye a los malvados. Los buenos nunca fracasarán; los malvados no habitarán la tierra. Quien obedece a Dios vivirá muchos años, pero el malvado no vivirá mucho tiempo. A los justos les espera la felicidad; a los malvados, la ruina. El malvado parece estar muy seguro; pero solo el hombre honrado está seguro de verdad.

La maldad nunca llega sola; viene siempre acompañada de vergüenza y desprecio. La conducta de los malvados es una trampa para los demás; si te cuidas a ti mismo te apartarás de ella. Al que es mal intencionado nunca le irá bien; al que es mentiroso siempre le irá mal. La familia del malvado será destruida, pero el hogar del bueno prosperará.

Hay gente mala y sinvergüenza que anda contando mentiras; para engañar a los otros, guiña el ojo, apunta con los dedos, y hace señas con los pies. El que es malvado y chismoso provoca peleas y causa divisiones. Esa gente solo piensa hacer lo malo, y siempre anda provocando pleitos. La desgracia vendrá sobre ellos de repente; cuando menos lo esperen, serán destruidos sin remedio.

Abandona el orgullo y la jactancia

Hay cosas que hacemos que nos parecen correctas, pero que al fin de cuentas nos llevan a la tumba. No presumas de ti mismo; deja que te alaben los demás. Al que es malagradecido siempre le irá mal.

La gente orgullosa provoca peleas; la gente humilde escucha consejos. Qué bien le queda al orgulloso que lo llamen «¡malcriado y vanidoso!»

Ventajas de la disciplina

El que oye consejo y acepta que lo corrijan acabará siendo sabio. Si no aprecias la disciplina, te esperan la pobreza y la deshonra; si aceptas que se te corrija, recibirás grandes honores.

Quien no acepta las reprensiones será destruido, y nadie podrá evitarlo. Quien esconde su pecado jamás puede prosperar; quien lo confiesa y lo deja, recibe el perdón.

Con golpes y con azotes se corrigen los malos pensamientos.

Oración sabia

Dios mío, antes de mi muerte concédeme solo dos cosas; ¡no me las niegues! Manténme alejado de la mentira, y no me hagas pobre ni rico; ¡aléjame de toda falsedad y dame solo el pan de cada día! Porque si llego a ser rico tal vez me olvide de ti y hasta me atreva a decir que no te conozco. Y si vivo en la pobreza, puedo llegar a robar y así ponerte en vergüenza.

Mi reflexión personal

4
Sabiduría financiera

La bendición de Dios es riqueza que viene libre de preocupaciones.

La importancia de trabajar esforzadamente

Si trabajas, te vuelves rico. Trabaja, y triunfarás; no trabajes, y fracasarás. El que trabaja la tierra siempre tiene comida de sobra, el trabajador la tiene en abundancia, pero el que sueña despierto es un gran tonto. El que desea tener sin trabajar, al final no consigue nada; ¡trabaja, y todo lo tendrás!

Todo esfuerzo vale la pena, pero quien habla y no actúa acaba en la pobreza. Mientras más hambre se tiene, más duro se trabaja. El sirviente que se esfuerza se convierte en jefe del mal hijo, y se queda con la herencia que a este le tocaba.

Dime quién se esfuerza en el trabajo y te diré quién comerá como rey.

La pereza cosecha pobreza

No seas perezoso ¡Vamos, joven perezoso, fíjate en la hormiga! ¡Fíjate en cómo trabaja, y aprende a ser sabio como ella! La hormiga no tiene jefes, ni capataces ni gobernantes, pero durante la cosecha recoge su comida y la guarda.

¡Qué difícil es la vida para el que es perezoso! Perezoso, ¿cuánto más seguirás durmiendo?, ¿cuándo vas a despertar? Te duermes un poco, te tomas la siesta, tomas un descansito y te cruzas de brazos… ¡Así acabarás en la más terrible pobreza! Si no trabajas, te quedas pobre. Tanto duerme el perezoso que acaba pasando hambre.

El perezoso pone como pretexto que en la calle hay leones que se lo quieren comer. El haragán siempre pone pretextos para no ir al trabajo; dice que un león en la calle se lo quiere comer. El perezoso se cree muy sabio, pero; ¿En qué se parece el perezoso a la puerta? ¡En que los dos se mueven, pero ninguno avanza! Al que es perezoso hasta comer le cuesta trabajo. El perezoso se queda sin comida; El perezoso quiere de todo, lo que no quiere es trabajar. Hay gente tan perezosa que hasta de comer se cansa. Si solo piensas en dormir terminarás en la pobreza. Mejor piensa en trabajar, y nunca te faltará comida.

Administración de los recursos

Ahorra poco a poco, y un día serás rico. El que es precavido guarda comida durante el verano; el que duerme durante la cosecha termina en la vergüenza. Quien no trabaja en otoño se muere de hambre en invierno. Las riquezas no son eternas ni el dinero dura para siempre. Las cosechas se acaban, y la hierba se seca. Por eso, cuida bien tus rebaños. Quien solo piensa en fiestas, en perfumes y en borracheras, se queda en la pobreza y jamás llega a rico.

Mantén el tamaño de tu terreno tal como lo recibiste de tus padres. Tus ovejas te darán su lana, tus cabras te darán mucha leche, y así podrán alimentarse tú y tu familia y hasta tus empleados. Además, podrás vender tus cabras y con el dinero comprar un terreno.

Tan peligroso es que lances piedras al aire, como que a un tonto le des trabajo en tu casa. Empiezas por consentir a tu sirviente, al final tendrás que lamentarlo.

Quien con sabios anda, aprende a pensar; quien con tontos se junta acaba en la ruina. Si piensas construir tu casa, atiende primero a tus negocios, y no desatiendas a tu familia.

Bendición de Dios al honesto y bondadoso

Al hombre honrado, Dios lo bendice; Dios quiere que seas honrado en todos tus negocios. Lo que vale es la honradez, pues te salva de la muerte. El que vive honradamente lleva una vida tranquila. El hombre honrado siempre da y no pide nada a cambio. Dios calma el hambre de la gente buena, pero no el apetito de la gente malvada. La verdadera ganancia consiste en hacer el bien.

¡Qué fácil es la vida para la persona honrada! El hogar del bueno prosperará. A la familia del hombre honrado nunca le falta nada; Dios bendice a los hijos del hombre honrado, cuando ellos siguen su ejemplo. Las riquezas del hombre bueno serán para sus nietos; las riquezas del pecador serán la herencia de la gente honrada.

Trabajo, prudencia y disciplina van de la mano

Si no aprecias la disciplina, te esperan la pobreza y la deshonra; si aceptas que se te corrija, recibirás grandes honores. Cuando las cosas se piensan bien, el resultado es provechoso. Cuando se hacen a la carrera, el resultado es desastroso. En casa del sabio hay riquezas y perfumes; en casa del tonto solo hay desperdicios. Busca la justicia y el amor, y encontrarás vida, justicia y riquezas.

El buen administrador prospera. Ningún proyecto prospera si no hay buena dirección; los proyectos que alcanzan el éxito son los que están bien dirigidos. Sin las herramientas apropiadas, el trabajo no da fruto; con buenas herramientas se saca mejor provecho. Quien se rinde ante un problema, no demuestra fuerza ni carácter.

¡Dios bendice a quienes en él confían! Quien obedece a Dios gana en sabiduría y disciplina; quien quiera recibir honores debe empezar por ser humilde. El oro y la plata se prueban en el fuego; nuestras intenciones las pone a prueba Dios.

La importancia de la generosidad

Quienes son generosos, reciben en abundancia; quienes ni sus deudas pagan, acaban en la miseria. El que es generoso, progresa; el que siembra, también cosecha. Dios bendice al que es generoso y al que comparte su pan con los pobres. ¡Si eres bueno con los pobres, Dios te bendecirá! Prestarle al pobre es como prestarle a Dios. ¡Y Dios siempre paga sus deudas!

Hay quienes hablan de dar y nunca dan nada. Son como las nubes oscuras, que anuncian lluvia… ¡y no llueve!

Lo importante es confiar en Dios, no en las riquezas

¡Dios bendice a quienes en él confían! Deja en manos de Dios todo lo que haces, y tus proyectos se harán realidad. El hombre propone y Dios dispone. Quien confía en sus riquezas, se encamina al fracaso; pero quien es honrado camina seguro al triunfo. No hagas de las riquezas tu única meta en la vida, pues son como las águilas: abren las alas y salen volando. Si acaso llegas a verlas, muy pronto desaparecen.

Humíllate y obedece a Dios, y recibirás riquezas, honra y vida. El amor al dinero es causa de pleitos. Confía en Dios, y prosperarás. La riqueza del sabio es su sabiduría; la pobreza del tonto es su estupidez. Los ricos y los pobres son criaturas de Dios. El tonto fracasa en todo, y luego dice: «¡Dios tiene la culpa!»

Ser fiador es mala idea

Si algún amigo te pide que respondas por él y te comprometas a pagar sus deudas, no aceptes ese compromiso, pues caerás en la trampa. No dejes que tu amigo te atrape; ¡mejor ponte a salvo! Te recomiendo que vayas a verlo y le ruegues que no te comprometa. Que no te agarren de tonto; mejor ponte a salvo, como huyen del cazador, las aves y los venados.

Hay que ser muy tonto para salir fiador de otros; ¿por qué pagar deudas ajenas? Si te comprometes a pagar las deudas de un desconocido, te pedirán dar algo en garantía y perderás hasta el abrigo. No te comprometas a pagar deudas que no sean tuyas, porque si no las pagas te quedarás en la calle. El que se comprometa a pagar las deudas de un desconocido y se enrede con una mujer infiel perderá todo lo que tenga.

Si eres empleado

El ayudante inteligente se gana el aprecio del jefe, pero el empleado sinvergüenza provoca su enojo. Si quieres buena fruta, cuida del árbol; si quieres buen trato, trata bien a tu jefe. El hombre digno de confianza siempre será alabado; el que solo quiere hacerse rico no quedará sin castigo. El hombre sabio cumple una orden; el imprudente acaba en la ruina. El que es sinvergüenza un día será descubierto. El engaño causa muchos problemas y la imprudencia lleva a la ruina.

El que pide prestado se hace esclavo del prestamista. Dime quién pelea y te diré quién peca; dime quién se cree mucho y te diré quién fracasa. Los ricos y los pobres son criaturas de Dios.

La riqueza mal habida termina en maldición y pobreza

Tal vez te sepa muy sabroso ganarte el pan con engaños, pero acabarás comiendo basura. De muy poco aprovecha el dinero mal ganado. Lo que fácilmente se gana, fácilmente se acaba; El que siempre quiere tener más hace daño a su familia, pero el que no vende su honradez a cambio de dinero, tendrá una larga vida. Las riquezas que amontona el mentiroso se desvanecen como el humo; son una trampa mortal. Dios no soporta dos cosas: que engañes al que te vende, y que engañes al que te compra. Lo que al principio se gana fácilmente, al final no trae ninguna alegría. Mantén el tamaño de tu propiedad tal como la recibiste de tus padres, y no invadas el terreno de los huérfanos. Dios es su pariente más cercano y los defenderá de ti.

Al que esconde el trigo para venderlo más caro, la gente lo maldice; al que lo vende a buen precio, la gente lo bendice. Las ganancias del malvado no son más que una mentira; Al malvado sus ganancias le traen grandes problemas. La familia del malvado será destruida.

Al que presta dinero y luego exige que le devuelvan el doble, Dios le quitará todo y hará que alguien de buen corazón se lo dé a los pobres.

Las riquezas excesivas tienen desventajas

Despierta el celo y la envidia: El rico cree estar protegido, piensa que sus riquezas son como una ciudad con murallas donde nadie puede hacerle daño. El rico, por su dinero, corre el peligro de ser secuestrado; el pobre no tiene ese problema, pues nadie lo amenaza.

Nubla el entendimiento: Con un regalo generoso todo el mundo te recibe; ¡hasta la gente más importante te abre sus puertas! El que da dinero a otros para que le hagan favores cree tener una varita mágica, para conseguir siempre lo que quiere.

Acarrea amistades por interés: El rico tiene muchos amigos; el pobre no tiene ninguno. A los ricos les sobran amigos; todo el mundo busca su amistad por los regalos que dan.

Provoca engreimiento y falsa sabiduría: El orgullo acaba en fracaso; la honra comienza con la humildad. Aunque el rico se crea muy sabio, el pobre con su inteligencia se da cuenta que el rico no es más que un tonto. El pobre suplica; el rico insulta.

Es insaciable: El chupasangre tiene dos hijas: una se llama "Dame", y la otra, *Damemás*. Es amiga del que ama el dinero, pues este siempre quiere más. Si encuentras miel, no comas demasiada; la mucha miel empalaga. Cuando no se tiene hambre, hasta la miel empalaga; cuando se tiene hambre, hasta lo amargo sabe dulce.

Desventajas de la pobreza

El pobre trabaja para el rico; Si eres pobre, ni tus amigos te buscan. Al rico lo defiende su riqueza; al pobre no lo defiende nada. Al pobre ni sus hermanos lo quieren; ¡mucho menos lo buscan sus amigos! Cuando más los necesita, no están para ayudarlo. Con un regalo generoso todo el mundo te recibe; ¡hasta la gente más importante te abre sus puertas!

Cuando es mejor la pobreza que la riqueza

Más vale ser pobre y obedecer a Dios que ser rico y vivir en problemas. Vale más el pobre honrado, que el rico malvado. Más vale pobre acompañado, que rico abandonado. Vale más pan duro entre amigos que mucha carne entre enemigos. Más vale ser pobre y honrado, que ser necio y tramposo. Vale más ser conocido y respetado que andar presumiendo de rico. De qué le sirve al tonto el dinero, si no tiene entendimiento; ¡la sabiduría no se compra!

Malas decisiones y causas de ruina

Quien no hace caso de las súplicas del pobre, un día pedirá ayuda y nadie se la dará. Quien le quita todo al pobre ofende a Dios, su creador; quien obedece a Dios trata bien al pobre. No abuses del pobre solo porque es pobre, ni seas injusto con él en los tribunales. Dios es abogado de los pobres, y dejará sin nada a quienes les quiten todo.

Es una ofensa contra Dios burlarse del pobre en desgracia; quien lo haga no quedará sin castigo. Dios derriba la casa del orgulloso, pero protege los terrenos de las viudas. El que ayuda al pobre siempre tendrá de todo; el que no ayuda al pobre terminará en la desgracia.

El rico que roba al pobre para hacerse más rico acabará en la miseria. El pobre que maltrata a otro pobre es como una tormenta que acaba con las cosechas. El que anda con prostitutas malgasta todo lo que tiene.

Quien solo vive pensando en dinero, acabará más pobre de lo que se imagina.

La importancia de un buen matrimonio

¡Qué difícil es hallar una esposa extraordinaria! ¡Hallarla es como encontrarse una joya muy valiosa! Quien se casa con ella puede darle toda su confianza; dinero nunca le faltará. A ella todo le sale bien; nunca nada le sale mal. Sale a comprar lana y lino, y con sus propias manos trabaja con alegría. Se parece a los barcos mercantes: de muy lejos trae su comida. Se levanta muy temprano, y da de comer a sus hijos y asigna tareas a sus sirvientas. Calcula el precio de un campo; con sus ganancias lo compra, planta un viñedo, y en él trabaja de sol a sol. Ella misma se asegura de que el negocio marche bien; toda la noche hay luz en su casa, pues toda la noche trabaja. Ella fabrica su propia ropa, y siempre ayuda a los pobres. No le preocupa que haga frío, pues todos en su casa andan siempre bien abrigados. Toma telas de lino y de púrpura, y ella misma hace colchas y vestidos.

En la ciudad y en el país su esposo es bien conocido, pues ocupa un lugar importante entre la gente de autoridad. La ropa y los cinturones que ella misma fabrica los vende a los comerciantes. Es mujer de carácter; mantiene su dignidad, y enfrenta confiada el futuro. Siempre habla con sabiduría, y enseña a sus hijos con amor. Siempre está pendiente de su casa y de que todo marche bien. Cuando come pan, es porque se lo ha ganado. Sus hijos la felicitan; su esposo la alaba y le dice: «Mujeres buenas hay muchas, pero tú las superas a todas».

Oración sabia

Dios mío, antes de mi muerte concédeme solo dos cosas; ¡no me las niegues! Mantenme alejado de la mentira, y no me hagas pobre ni rico; ¡aléjame de toda falsedad y dame solo el pan de cada día! Porque si llego a ser rico tal vez me olvide de ti y hasta me atreva a decir que no te conozco. Y si vivo en la pobreza, puedo llegar a robar y así ponerte en vergüenza.

Mi reflexión personal

5
Acciones y actitudes

Hacer lo bueno da larga vida; haz el bien y vivirás.

Dios rechaza a los tramposos, pero acepta a los honrados. Cuando somos honrados, todo en la vida es más fácil; pero a los malvados su propia maldad los destruye. Cuando somos honrados, estamos a salvo del mal; pero a los traidores su ambición los domina. Cuando te enfrentes al Gran Juez, de nada te servirán las riquezas; solo haciendo lo que es justo te librarás de la muerte. Dios no soporta a los malvados, pues piensan solo en la maldad; en cambio a la gente honrada le muestra su bondad.

Una cosa es segura: Los malvados no quedarán sin castigo, pero la gente buena se salvará. ¿Qué gana el malvado? El pecado. ¿Qué gana el justo? La vida. El premio de los buenos es la vida misma, y el premio de los sabios es el aprecio de la gente. Si aquí en la tierra los buenos reciben su recompensa, ¡con más razón reciben su merecido los malvados y los pecadores! Al que es bondadoso Dios le muestra su bondad, pero al que es tramposo Dios le da su merecido. La maldad no es apoyo seguro; la bondad es una base firme.

Beneficios personales

Compadécete de los demás y te harás bien a tí mismo; pero si les haces daño, el daño te lo harás tú. El que es generoso, progresa; Quienes son generosos, reciben en abundancia. Trata de hacer el bien, y te ganarás amigos. Al que vende a buen precio, la gente lo bendice.

Beneficios públicos y sociales

La gente buena hace planes justos; la malvada solo piensa en engañar. La presencia de los buenos trae bienestar a la ciudad; la presencia de los malvados solo le trae desgracias. Cuando los buenos triunfan, la ciudad se alegra; cuando los malvados mueren, todo el mundo hace fiesta. En la mente de los malvados solo hay engaño; entre los que aman la paz reina la alegría. Los deseos de los buenos siempre traen bendición; los deseos de los malos solo traen destrucción.

Los mentirosos no muestran su odio. La gente honrada odia la mentira; el malvado siempre causa vergüenza y deshonra. Los buenos saben que hasta los animales sufren, pero los malvados de nadie tienen compasión.

Las malas actitudes terminan mal

El orgulloso termina en la vergüenza, y el humilde llega a ser sabio. Al bueno lo guía la justicia; al traidor lo destruye la hipocresía. Si te burlas de una orden, tendrás tu merecido; si la obedeces, tendrás tu recompensa. Busca hacer la maldad, y el mal te destruirá.

Que esperar de la maldad y la bondad

El premio del bueno es la vida, y el del malvado es la muerte. Caen los malvados, y termina su existencia; Cuando mueren los malvados, mueren con ellos su esperanza y sus sueños de grandeza. A los malvados les cae la desgracia, pero los buenos quedan a salvo.

Los malvados son esclavos de sus malos deseos; pero los buenos son como árboles que dan mucho fruto. Los malvados caen en la trampa de sus propias mentiras; los buenos triunfan sobre el mal. Cada uno recibe lo que merecen sus palabras y sus hechos.

El bueno no sufre ningún daño; al malvado los males le llegan juntos. Dios no soporta a los mentirosos, pero ama a la gente sincera.

Los tontos no pasan las pruebas

El tonto está seguro de que hace lo correcto; el sabio hace caso del consejo. Los tontos fácilmente se enojan; los sabios perdonan la ofensa. Al sabio se le alaba por su sabiduría; al tonto se le desprecia por su estupidez. La mujer bella pero tonta es como anillo de oro en la trompa de un cerdo.

Sobre la disciplina

Dios mira con mucha atención la conducta de todos nosotros. El pecado y las malas acciones son trampas para el malvado, y lo hacen su prisionero. Así muere esta clase de gente que no quiere ser corregida; ¡su falta de entendimiento acaba por destruirla!

El hijo sabio acepta que su padre lo castigue; el hijo malcriado no permite que le llamen la atención Quien ama la corrección, también ama el conocimiento; ¡hay que ser tonto para no aprender del castigo!

Sobre el abuso

Al que esconde el trigo para venderlo más caro, la gente lo maldice; El tonto que daña a su familia acaba perdiéndolo todo.

Mi reflexión personal

6
La justicia

Todo el mundo cree hacer lo mejor, pero Dios juzga las intenciones.

Nadie puede decir que tiene buenos pensamientos ni que está limpio de pecado.

Dios no soporta dos cosas: que el culpable sea declarado inocente, y que el inocente sea declarado culpable. No es justo castigar al inocente, ni azotar al hombre honrado. ¡Qué malo es declarar inocente al malvado y no hacerle justicia al inocente! Todo juez debe ser justo y no favorecer a nadie. Si declara inocente al culpable, merece que todo el mundo lo maldiga y lo desprecie. Si condena al culpable, es bien visto y alabado.

Los malvados no entienden nada acerca de la justicia, pero los que obedecen a Dios demuestran que sí la entienden. La gente buena se preocupa por defender al indefenso; pero a los malvados eso ni les preocupa. Ni el hombre justo soporta al malvado, ni el malvado soporta al hombre justo. El hombre honrado es feliz cuando ve que se hace justicia, ¡pero cómo se asusta el malvado!

Los pleitos más difíciles hay que ponerlos en manos de Dios. Tan peligroso resulta meterse en pleitos ajenos, como querer agarrar por la cola a un perro bravo. El que nada debe, nada teme, pero el malvado siempre huye, aunque nadie lo persiga.

Dios es justo, y sabe bien lo que piensa el malvado; por eso acaba por destruirlo. Los malvados y ladrones tendrán que pagar el rescate de los hombres buenos y honrados. El que mata a otro no merece ayuda. ¡Tarde o temprano le pasará lo mismo! El hombre honrado quedará a salvo; el de mala conducta un día caerá. El orgulloso será humillado, y el humilde será alabado. Es de sabios tener paciencia, y es más honroso perdonar la ofensa. Si al trigo lo machacas, puedes quitarle la cáscara, pero al necio, aunque lo remuelas, no se le quita lo necio.

Consejos sabios respecto de la justicia

Habla en favor de las viudas; defiende los derechos de los huérfanos. Habla en favor de ellos; ¡hazles justicia! ¡Defiende a los pobres y humildes! Dios no soporta dos cosas: que engañes al que te vende, y que engañes al que te compra. Los que hacen el bien recibirán como premio el bien.

Si de algo eres testigo, no vayas corriendo a los tribunales, no sea que, al fin de cuentas, otro testigo lo niegue y te ponga en vergüenza. Defiéndete si es necesario, pero no le cuentes a nadie lo que otros te han confiado, no sea que alguien te oiga y te ponga en vergüenza, y te ganes mala fama. No aceptes ser testigo falso contra ninguna persona; porque hay quienes lo hacen hasta por un pedazo de pan.

Dios rechaza las oraciones de los que no lo obedecen. Dios no soporta a los malvados que le traen ofrendas, y no son sinceros. No caigas en la trampa de prometerle algo a Dios, para luego no cumplirle. Más que recibir ofrendas y sacrificios, Dios prefiere que se haga justicia y que se practique la honradez. Nunca hables de tomar venganza; mejor confía en Dios, y él vendrá en tu ayuda.

No abuses del pobre solo porque es pobre, ni seas injusto con él en los tribunales. Dios es abogado de los pobres, y dejará sin nada a quienes les quiten todo. No te burles de tu enemigo cuando lo veas fracasar, ni te alegres de su desgracia; Dios te ve, no aprobará tu conducta y se enojará contigo. No te enojes con los malvados ni les tengas envidia, pues no tendrán un final feliz; ¡su vida será una lámpara apagada!

No tiendas trampas al hombre honrado ni destruyas la casa donde vive. No importa cuántas veces caiga, siempre se levantará. En cambio, el malvado cae y no vuelve a levantarse. Dios protege al sabio, pero pone en vergüenza al mentiroso. Quien deja de hacer lo bueno, pronto termina en la tumba. Siembra maldad y cosecharás desgracia; con el palo que pegues, serás golpeado.

Haz cuanto puedas por salvar a los que van camino a la muerte, porque Dios todo lo sabe y no podrás alegar ignorancia. ¡Si no lo haces, recibirás tu merecido! Nunca pienses en la venganza, ¡abandona esa idea! Quien mal se comporta, lleva una vida difícil; quien vive honradamente lleva una vida sin problemas. El malvado cae en su propia trampa; pero el que es bueno vive con gran alegría.

Al final triunfará la justicia

El primero en defenderse alega ser inocente, pero llegan los testigos y afirman lo contrario. No hay testigo falso que salga bien librado; todos los mentirosos serán destruidos. El testigo falso será destruido, pero al testigo verdadero siempre se le da la palabra. La violencia destruye a los malvados porque se niegan a hacer justicia. El que respeta una orden se respeta a sí mismo; el que deja de cumplirla dicta su sentencia de muerte.

Quien esconde su pecado jamás puede prosperar; quien lo confiesa y lo deja, recibe el perdón. Quien hace pecar al hombre honrado quedará atrapado en su propia trampa. Los que hacen el bien recibirán como premio el bien. Aunque el rico se crea muy sabio, el pobre con su inteligencia se da cuenta que el rico no es más que un tonto.

Algunas razones de la injusticia

Hay tres cosas que nunca están satisfechas: la tumba, la muerte, y la ambición humana. El malvado se vende por dinero; ¡por eso hay tanta injusticia! El malvado solo piensa en el mal, y hasta con sus amigos es malvado; aman la intriga y enredan a todos en pleitos. Los asesinos desean la muerte de la gente buena y honrada.

El testigo malvado se burla de la justicia; su alimento es la maldad. Amigo de gente malvada es quien roba a sus padres y alega que no ha hecho nada. La mujer infiel se acuesta con otro hombre, luego se baña y dice: "¡Aquí no ha pasado nada!"

Hay muchos que afirman ser leales, pero nadie encuentra gente confiable. Hay quienes se creen perfectos, pero están llenos de pecado. Hay quienes se creen superiores, y a todos miran con desprecio. Hay quienes aman tanto el dinero que despojan a los pobres y a los indefensos de este mundo; les sacan hasta el último centavo, y los dejan desnudos en la calle. Los que aman la intriga enredan a todos en pleitos, pero los sabios siembran la paz.

Hay tres cosas que son pecado: ser orgulloso, creerse muy inteligente, y vivir como un malvado.

Mi reflexión personal

7
La Ira

El enojo es cruel, la ira es destructiva...

La gente que fácilmente se enoja siempre provoca peleas; la gente violenta comete muchos errores. El necio no esconde su enojo; el sabio sabe controlarse. El sabio domina su enojo; el tonto no controla su violencia. Vale más ser paciente que valiente; vale más dominarse uno mismo que dominar a los demás.

Quien no controla su carácter es como una ciudad sin protección. Quien fácilmente se enoja sufrirá las consecuencias; no tiene caso calmarlo, pues se enciende más su enojo. Quien fácilmente se enoja, fácilmente entra en pleito; quien mantiene la calma, mantiene la paz.

Las piedras son pesadas, y la arena también, pero aún más pesado es el enojo del necio. La violencia destruye a los malvados porque se niegan a hacer justicia.

No te enojes con los malvados ni les tengas envidia, pues no tendrán un final feliz; ¡su vida será una lámpara apagada! Tan peligroso resulta meterse en pleitos ajenos, como querer agarrar por la cola a un perro bravo. Un buen regalo calma el enojo, si se da en el momento oportuno.

Mi reflexión personal

8
La importancia de las palabras

Hablar mucho es de tontos; saber callar es de sabios.

La palabra oportuna es valiosa

La palabra justa vale mucho. Las palabras del hombre honrado son una fuente de vida. Las palabras dichas a tiempo son como manzanas de oro con adornos de plata. Las palabras del sabio son fuente de sabiduría.

Quien piensa bien las cosas se fija en lo que dice; quien se fija en lo que dice convence mejor. Hablar poco es de sabios; la gente inteligente mantiene la calma. La gente honrada siempre dice la verdad, pero el testigo falso dice puras mentiras. El que dice la verdad vive una larga vida; el que solo dice mentiras no vive mucho tiempo. Las palabras amables son como la miel: endulzan la vida y sanan el cuerpo. El buen consejo es ayuda de muchos. La angustia causa tristeza; pero una palabra amable trae alegría. Las palabras que brindan consuelo son la mejor medicina.

Es muy bueno dar buenas respuestas, pero responder a tiempo es aún mejor. El bueno piensa antes de responder. La lengua tiene poder para dar vida y para quitarla; los que no paran de hablar sufren las consecuencias.

Quien tiene cuidado de lo que dice nunca se mete en problemas. La respuesta amable calma el enojo; la respuesta grosera lo enciende más.

Saber escuchar

Recibe la enseñanza con agrado, y presta atención a los buenos consejos. Con qué gusto se recibe el agua fresca cuando se tiene sed; así se reciben las buenas noticias que vienen de tierras lejanas.

Contrastes del hablar

Cada uno recibe por sus palabras su premio o su castigo. Cuando habla la gente malvada, tiende trampas mortales; cuando habla la gente buena, libra a otros de la muerte. El sabio sabe callar; el tonto habla y causa problemas. El buen consejo es ayuda de muchos, pero la imprudencia es trampa de tontos. Los buenos hablan siempre con sabiduría; a los malvados se les obliga a callar. Los buenos saben decir cosas bonitas; los malvados solo dicen cosas feas.

El buen amigo da buenos consejos; el malvado se pierde en su maldad. Los que hablan de hacer el bien reciben su justo premio, pero los traidores reciben el castigo que se merecen. El que habla sin pensar hiere como un cuchillo, pero el que habla sabiamente sabe sanar la herida. Quien habla con dulzura convence mejor; pero es una tontería corregir a los tontos.

El que cuida lo que dice protege su vida; el que solo dice tonterías provoca su propia desgracia. El que da buenos consejos se gana el aprecio de todos, pero el que da malos consejos acabará en la ruina.

El testigo verdadero dice la verdad; el testigo falso siempre dice mentiras. El testigo que dice la verdad salva a otros de la muerte, pero hay testigos mentirosos. Los chismes de los malvados destruyen a sus semejantes. Los tontos todo lo cuentan. El bueno piensa antes de responder; el malvado habla y deja ver su maldad.

Dios no soporta los planes malvados, pero le agradan las palabras amables. Quien habla con dulzura convence mejor. Con ánimo se alivia al enfermo, pero no a quien está deprimido.

Las palabras del tonto

Cuando los sabios hablan, comparten sus conocimientos; cuando los tontos hablan, solo dicen tonterías. Es de tontos hablar con orgullo; es de sabios ser de pocas palabras. Hasta el tonto pasa por sabio si se calla y mantiene la calma. Los tontos todo lo cuentan.

Un proverbio en labios de un tonto es lo mismo que un cuchillo en manos de un borracho. Dime de qué sirve que el tonto diga proverbios, y te diré de qué sirve una carreta sin bueyes. Dime de qué sirve alabar al tonto, y te diré de qué sirve un arco sin flechas.

El sabio quiere más sabiduría; el tonto no sabe lo que quiere. Es muy tonto y vergonzoso responder antes de escuchar. Cuando el necio abre la boca, pone su vida en peligro.

Cuando los sabios hablan, comparten su conocimiento; ¡los ignorantes no hacen esto ni con el pensamiento! No des buenos consejos a los tontos porque se burlarán de ti. Solo burlas y enojos saca el sabio que discute con un tonto. Quien con sabios anda a pensar aprende; quien con tontos se junta acaba en la ruina.

Los chismes

¡Qué sabrosos son los chismes, pero cuánto daño causan! El que habla mucho no sabe guardar secretos. No te juntes con gente chismosa. Los chismes son muy sabrosos, pero también hacen mucho daño. Los chismes de los malvados destruyen a sus semejantes.

Palabras fatales

Las palabras dichas con mala intención son causa de mucha tristeza. El malvado habla y deja ver su maldad. El malvado es un horno lleno de maldad; sus palabras queman como el fuego.

Nadie cura con vinagre una herida, ni anda desnudo en el frío, ni les canta canciones a los que están afligidos. El viento del norte hace llover, y las malas lenguas hacen enojar. Los piropos del malvado son tan engañosos como una olla de barro cubierta de plata. Algunos hablan mal de sus padres, y hasta los maldicen.

El que esconde sus rencores, en el fondo es mentiroso. No creas lo que te diga, pues te habla con dulzura pero busca hacerte daño. Miente al decir que te quiere, pues todos saben que te odia. Quien miente, no se quiere a sí mismo; quien a todos alaba, se busca problemas.

Consejos personales

Si realmente eres sabio, no presumas de lo que sabes; sólo los tontos se jactan de su estupidez. Al sabio se le alaba por su sabiduría; al tonto se le desprecia por su estupidez. No des buenos consejos a los tontos porque se burlarán de ti. Recibe la enseñanza con agrado, y presta atención a los buenos consejos. No hables mal de un esclavo ante su amo, porque el esclavo podría hablar mal de ti y quedarás en ridículo ante todos.

Habla en favor de las viudas; defiende los derechos de los huérfanos. Habla en favor de ellos; ¡hazles justicia! ¡Defiende a los pobres y humildes!

Fíjate en la gente que no piensa lo que dice: ¡más puedes esperar de un tonto que de esa clase de gente! Es una tontería corregir a los tontos.

Si te burlas de una orden, tendrás tu merecido; si la obedeces, tendrás tu recompensa.

Hasta el mejor saludo es un insulto grave, si se hace a gritos y en la madrugada.

Mi reflexión personal

9
El amor y el matrimonio

El odio produce más odio; el amor todo lo perdona.

En casa del sabio hay riquezas y perfumes; en casa del tonto solo hay desperdicios. La paciencia vence toda resistencia. La cortesía vence toda oposición.

Consejos generales para la vida matrimonial

Las verduras son mejores que la carne cuando se comen con amor. No compartas con nadie el gozo de tu matrimonio. Si encuentras miel, no comas demasiada; la mucha miel empalaga. No abras zanjas si no quieres caer en ellas, ni hagas rodar piedras si no quieres que te aplasten.

Amistad y sinceridad dentro de la relación

El espejo refleja el rostro; y los ojos revelan la personalidad. Quien de veras te ama te reprenderá abiertamente. Más te quiere tu amigo cuando te hiere que tu enemigo cuando te besa. Para afilar el hierro, la lima; para ser mejor persona, el amigo. Con el fuego se descubre qué clase de metal tenemos; con los elogios se descubre qué clase de persona somos. El tiempo te demostrará que vale más una crítica sincera que un elogio.

Evita las discusiones y los pleitos

La leña aviva el fuego, y el peleador aviva el pleito. El fuego se apaga si no se le echa más leña, y el pleito se acaba si no siguen los chismes. Vale más la soledad que la vida matrimonial con una persona agresiva y de mal genio. Más vale vivir en un rincón del patio, que dentro de un palacio con una persona peleonera. Más vale vivir en un rincón del patio que dentro de un palacio con una persona agresiva. Peor que gotera en día lluvioso, es la persona que por todo pelea. ¡Querer controlarla es querer atajar el viento o retener aceite en la mano!

Sabiduría para los maridos

Si ya tienes esposa, ya tienes lo mejor: ¡Dios te ha demostrado su amor! Sé fiel a tu esposa. Si quieres disfrutar del amor, disfrútalo con tu esposa. ¡Guarda tu amor solo para ella! ¡No se lo des a ninguna otra!¡Bendita sea tu esposa, la novia de tu juventud! Es como una linda venadita; deja que su amor y sus caricias te hagan siempre feliz. La esposa inteligente es un regalo de Dios. ¡Qué difícil es hallar una esposa extraordinaria! ¡Hallarla es como encontrarse una joya muy valiosa! Quien se casa con ella puede darle toda su confianza; dinero nunca le faltará. A ella todo le sale bien; nunca nada le sale mal. En la ciudad y en el país su esposo es bien conocido, pues ocupa un lugar importante entre la gente de autoridad. Es mujer de carácter; mantiene su dignidad, y enfrenta confiada el futuro. Siempre habla con sabiduría, y enseña a sus hijos con amor. Siempre está pendiente de su casa y de que todo marche bien. Cuando come pan, es porque se lo ha ganado. Sus hijos la felicitan; su esposo la alaba y le dice: «Mujeres buenas hay muchas, pero tú las superas a todas».

La hermosura es engañosa, la belleza es una ilusión; ¡sólo merece alabanzas la mujer que obedece a Dios!

No dejes que otra mujer te cautive ni busques las caricias de la mujer casada. No te dejes engañar por su hermosura ni te dejes cautivar por su mirada. No pienses en esa malvada; Por una prostituta puedes perder la comida, pero por la mujer de otro puedes perder la vida. Si te echas brasas en el pecho, te quemarás la ropa; si caminas sobre brasas, te quemarás los pies; si te enredas con la esposa de otro, no quedarás sin castigo. El que se enreda con la mujer de otro comete la peor estupidez: busca golpes, encuentra vergüenzas, ¡y acaba perdiendo la vida! El marido engañado da rienda suelta a su furia; si de vengarse se trata, no perdona a nadie. Un marido ofendido no acepta nada a cambio; no se da por satisfecho ni con todo el oro del mundo.

Los besos de la mujer infiel son una trampa sin fondo; Dios no deja sin castigo a los que se enredan con ella. No hay nada más angustioso que enredarse con la mujer infiel. Esa mujer es como los bandidos: se esconde para atrapar a sus víctimas, y una a una las hace caer en sus redes.

¡No hay nada más sabroso que beber agua robada! ¡No hay pan que sepa tan dulce como el que se come a escondidas!» Pero estos tontos no saben que esa casa es un cementerio; ¡no saben que sus invitados ahora están en el fondo de la tumba!

La mujer infiel te engaña con palabras suaves y dulces, que al fin de cuentas resultan más amargas que la hiel y más peligrosas que una espada. Quien se enreda con ella, ¡va derecho a la tumba! A ella no le importa lo que digan de su conducta; lleva una vida sin control, pero no lo reconoce. Apártate de esa mujer y no te acerques a su casa, o acabarás entregando tu salud y los mejores años de tu vida a gente cruel y peligrosa; ¡todo tu salario, y el dinero que con tanto esfuerzo te ganaste, irá a parar en otras manos! Cuando te hayas quedado pobre, dirás entre llantos y lamentos: «¡Pobre de mí, pobre de mí! ¡Nunca acepté ningún consejo! Jamás les hice caso a mis maestros espirituales, ni obedecí a los que me orientaban. ¡Ahora estoy casi en la desgracia ante toda la comunidad!»

Sabiduría para las esposas

La hermosura es engañosa, la belleza es una ilusión; ¡solo merece alabanzas la mujer que obedece a Dios! ¡Qué difícil es hallar una esposa extraordinaria! ¡Hallarla es como encontrarse una joya muy valiosa! Quien se casa con ella puede darle toda su confianza; dinero nunca le faltará. A ella todo le sale bien; nunca nada le sale mal. Sale a comprar lana y lino, y con sus propias manos trabaja con alegría. Se parece a los barcos mercantes: de muy lejos trae su comida. Se levanta muy temprano, y da de comer a sus hijos y asigna tareas a sus sirvientas. Calcula el precio de un campo; con sus ganancias lo compra, planta un viñedo, y en él trabaja de sol a sol. Ella misma se asegura de que el negocio marche bien; toda la noche hay luz en su casa, pues toda la noche trabaja. Ella fabrica su propia ropa, y siempre ayuda a los pobres. No le preocupa que haga frío, pues todos en su casa andan siempre bien abrigados. Toma telas de lino y de púrpura, y ella misma hace colchas y vestidos. En la ciudad y en el país su esposo es bien conocido, pues ocupa un lugar importante entre la gente de autoridad. La ropa y los cinturones que ella misma fabrica los vende a los comerciantes. Es mujer de carácter; mantiene su dignidad, y enfrenta confiada el futuro. Siempre habla con sabiduría, y enseña a sus hijos con amor. Siempre está pendiente de su casa y de que todo marche bien. Cuando come pan, es porque se lo ha ganado.

Sus hijos la felicitan; su esposo la alaba y le dice: «Mujeres buenas hay muchas, pero tú las superas a todas».

¡Que todo el mundo reconozca los frutos de su esfuerzo! ¡Que todos en la ciudad la alaben por sus acciones!

La esposa inteligente es un regalo de Dios. La buena esposa llena de orgullo a su esposo; la mala esposa le arruina la vida. La mujer sabia une a su familia; la mujer tonta la desbarata. La mujer peleonera poco a poco arruina al marido.

Mi reflexión personal

10
La amistad

El amigo siempre es amigo, y en los tiempos difíciles es más que un hermano. Tan refrescante como apagar tu sed con un vaso de agua fresca, es contar con un amigo a quien puedes confiarle un mensaje. Con un buen perfume se alegra el corazón; con la dulzura de la amistad se vuelve a la vida. Hay amigos que valen más que un hermano. Más vale amigo cercano que pariente lejano. Nunca lleves tus problemas a la casa de tu hermano.

Para afilar el hierro, la lima; para ser mejor persona, el amigo. Quien de veras te ama te reprenderá abiertamente. Más te quiere tu amigo cuando tc hicrc quc tu enemigo cuando te besa. El tiempo te demostrará que vale más una crítica sincera que un elogio.

El espejo refleja el rostro; y los ojos revelan la personalidad. Con el fuego se descubre qué clase de metal tenemos; con los elogios se descubre qué clase de persona somos. Quien mucho alaba al amigo, mucho lo engaña.

La amistad se cuida

Nunca les falles a los amigos, sean tuyos o de tu padre. Quien habla mal de su amigo lo hiere más que una espada. No des falso testimonio ni mientas en contra de tu amigo. Con los amigos, guarda tu distancia; visitarlos demasiado ya es molestia. Como loco que lanza piedras al aire, es quien engaña al amigo y dice que estaba bromeando. Es más fácil derribar un muro que calmar al amigo ofendido.

El fuego se apaga si no se le echa más leña, y el pleito se acaba si no siguen los chismes. La leña aviva el fuego, y el peleador aviva el pleito. Quien miente, no se quiere a sí mismo; quien a todos alaba, se busca problemas. No abras zanjas si no quieres caer en ellas, ni hagas rodar piedras si no quieres que te aplasten.

Aprende a discernir, no todos son buenos amigos

Con ciertos amigos, no hacen falta enemigos. El violento engaña a su amigo, y lo lleva por camino de maldad. No envidies ni busques la amistad de los malvados, pues solo piensan en la violencia y solo hablan de matar. No te juntes con gente de mal genio ni te hagas amigo de gente violenta, porque puedes volverte como ellos y pondrás tu vida en peligro.

Cuando comas con gente importante, piensa bien ante quién te encuentras. Si te gusta comer mucho, no demuestres que tienes hambre. No dejes que te engañe la apariencia de esos platillos. Nunca comas con gente tacaña, ni dejes que sus platillos te despierten el apetito. Esa gente te invita a comer, pero su invitación no es sincera; esa gente es tan tacaña que se fija en cuánto comes. Al fin de cuentas vomitarás todo lo que hayas comido, y todos tus halagos no habrán servido de nada.

Obedece a Dios y al rey, y no te juntes con gente rebelde, pues tal vez Dios los castigue cuando tú menos lo esperes, ¡y quién sabe qué puede pasar!

Consejos adicionales

No busques la amistad del gobernante para que él te haga justicia; mejor confía en Dios, pues él es justo con todos. Confiar en gente traicionera cuando se tienen problemas, es peor que comer con dolor de muelas o caminar con una pierna rota.

Si te juntas con ladrones no aprecias en nada tu vida; pues cuando ellos sean acusados, no podrás negar que eres culpable. No te juntes con borrachos ni te hagas amigo de glotones, pues unos y otros acaban en la ruina.

Si tu enemigo tiene hambre, dale de comer; y si tiene sed, dale de beber. Así Dios te premiará, y harás que a tu enemigo le arda la cara de vergüenza.

No presumas de ti mismo; deja que te alaben los demás.

Mi reflexión personal

11
Paternidad

El que obedece a Dios ya tiene un poderoso protector para él y para sus hijos. A la familia del hombre honrado nunca le falta nada; al malvado sus ganancias le traen grandes problemas. El orgullo de los padres son los hijos; la alegría de los abuelos son los nietos. Dios bendice a los hijos del hombre honrado, cuando ellos siguen su ejemplo.

El hijo sabio alegra a sus padres; el hijo tonto los avergüenza. ¡Cuánto enojo y cuánta amargura causa a sus padres el hijo necio! ¡Qué triste es tener un hijo falto de entendimiento! No es motivo de alegría ser el padre de un tonto. El hijo tonto arruina a su padre. La casa y el dinero son regalo de los padres.

Educa a tu hijo desde niño, y aun cuando llegue a viejo seguirá tus enseñanzas. Si amas a tu hijo, corrígelo; si no lo amas, no lo castigues. Corrige a tu hijo antes de que sea muy tarde; no te hagas culpable de su muerte. A los niños hay que corregirlos. Unos buenos golpes no los matarán, pero sí los librarán de la muerte. La necedad del niño a golpes se corrige. Los golpes y la disciplina enseñan a ser sabio, pero el que es malcriado solo avergüenza a su madre. Corrige a tu hijo y vivirás tranquilo y satisfecho. Una respuesta sincera es tan dulce como un beso. El espejo refleja el rostro; y los ojos revelan la personalidad.

Querido hijo mío, que naciste como respuesta de mis oraciones a Dios, ¿qué consejos podría darte? ¡No te vuelvas loco por las mujeres!, pues han llevado a la ruina a muchos reyes.

Mi reflexión personal

12
La vejez

Llegar a viejo es una honra

Llegar a viejo es una honra; las canas son la corona que se gana por ser honrado.

El orgullo de los padres son los hijos; la alegría de los abuelos son los nietos.

El orgullo del joven es su fuerza; el del anciano, su experiencia.

Mi reflexión personal

13
Sabiduría y política

En las manos de Dios los planes del rey son como un río

El cielo está allá arriba, la tierra está aquí abajo, pero la mente de los reyes nadie sabe dónde está. ¡Dios bendice a quienes lo obedecen! Pero los necios caen en la desgracia.

Reyes y gobernantes

Cuando el rey se enoja, grita como león furioso. Cuando el rey está contento, reanima como fresca lluvia. Cuando el rey se enoja es como un león que ruge; quien lo hace enojar, pone en peligro su vida.

Quien hace pecar al hombre honrado quedará atrapado en su propia trampa. En un país lleno de maldad todos se creen líderes, pero el gobernante capaz logra poner el orden.

No conviene que los reyes tomen bebidas alcohólicas, ni que se emborrachen. Porque en cuanto se emborrachan se olvidan de la ley y no protegen a los pobres.

A los soldados les toca preparar sus caballos para el combate; pero Dios es quien decide a quién darle la victoria. No busques la amistad del gobernante para que él te haga justicia; mejor confía en Dios, pues él es justo con todos.

El gobernante justo

En las manos de Dios los planes del rey son como un río: toman el curso que Dios quiere darles. El rey afirma su reinado cuando es fiel a Dios y trata bien a su pueblo. El rey afirma su reinado cuando gobierna bien a los pobres. Los que hacen el bien recibirán como premio el bien. Basta un solo sabio para conquistar una gran ciudad.

En cuanto el rey limpia de malvados el reino, puede hacer justicia. El rey que hace justicia da seguridad al país; el que solo cobra impuestos lleva el país a la ruina. Cuando el rey sabio castiga al malvado, lo destruye por completo. En cuanto el rey se sienta para juzgar al acusado, con una mirada suya acaba con el malvado.

El triunfo de los justos siempre es motivo de fiesta; el triunfo de los malvados espanta a todo el mundo. Cuando triunfan los malvados, todo el mundo corre a esconderse; pero cuando son destruidos, prosperan los hombres buenos.

Donde aumentan los malvados, aumenta la maldad; ¡pero la gente buena los verá fracasar! Pon al tonto en su lugar, para que no se crea muy sabio. Cuando el esclavo es necio, no bastan las palabras; sólo con golpes obedece. Enviar como mensajero a un tonto da lo mismo que no enviar a nadie.

Gobiernos lamentables

Donde no hay un buen gobernante, el pueblo no sabe qué hacer; pero Dios bendice a los que obedecen su ley. No hay nada más absurdo que un tonto viviendo entre lujos, y un esclavo gobernando a reyes. El gobernante estúpido solo piensa en maltratar y robar; pero el que no lo hace vivirá muchos años. El gobernante malvado que maltrata a un pueblo pobre es como un león hambriento que despedaza a su presa.

El gobernante que presta atención a toda clase de mentiras vivirá rodeado de ayudantes malvados. Cuando la gente buena prospera, el pueblo se pone alegre; cuando gobiernan los malvados, el pueblo se pone triste. Tan ridículo resulta que un tonto pretenda hablar con elegancia, como que un gobernante piense que en su país todos son tontos.

El pueblo

Estar lejos de la patria, es andar como pájaro sin nido. Si quieres buena fruta, cuida del árbol; si quieres buen trato, trata bien a tu jefe.

Al que convence con su sinceridad el rey le brinda su amistad.

Cuando estés ante el rey, no te sientas importante ni te des aires de grandeza. Vale más que el propio rey te diga dónde sentarte, y no que pases vergüenza ante sus invitados.

Los que se apartan de la ley aplauden a los malvados, pero los que la obedecen se oponen a ellos. Cuando el hombre bueno se rinde ante el malvado, se contamina como un río al que se arrojan desperdicios.

Mi reflexión personal

Printed by Books on Demand GmbH, Norderstedt / Germany